Les racines et les ailes

Abdou Faye

Les racines et les ailes

Recueil

LE LYS BLEU
ÉDITIONS

ISBN : 979-10-422-2599-5

Préface

Jeune homme à peine sorti du lycée, l'auteur de ce recueil n'est guère sevré de la passion « des jeux et rires du Royaume d'enfance » où, au temps immuable de la culture, joute poétique fonctionnait à plein temps. Poète attaché à ses racines et avide de grands espaces, il a, avant tout, la chance d'être né dans un de ces terroirs du monde seereer situés en marge de l'Atlantique, où on vient au monde doué de l'art de chanter ou adoubé, pour ainsi dire, par une puissance totémique qui investit du pouvoir du « dire délire du dire »[1]. Dans cet univers symbole des réminiscences perpétuelles de Léopold Sedar Senghor, des pères de familles, férus de poésie,jouaient le rôle de « magistrats domestiques » et de mécènes. Au temps où « la terre [ne s'était pas encore] mise à mentir », le chanteur « lui-même [y était] tout poétique » (Montaigne III, IX, 1960 : 270).

Abdou Faye allie précocité et facilité de plume à une époque où l'écriture, tout court, a disette de qualité pour signifier et convaincre. Entre les lignes de son écriture poétique se cache la pudeur qui valide le beau en poésie (Hofmannsthal) et dit à la fois sa passion de la terre. Mère et sa tension vers une quête d'avenir. Avec des mots et des paroles à pleines brassées, son talent laisse charrier une rhétorique de l'arrachement et de la distance qui place son inspiration poétique à la charnière de deux univers mentaux : le monde des origines seereer, dont le poète ne peut s'abstraire du charme et de la légende, et le monde de l'ailleurs qui lui procure le besoind'accéder à l'autre.

---

[1] Pour reprendre Malamine Diouf, dans Sinig (poèmes), Dakar, L'Harmattan Sénégal, 2011, p.23.

Une poétique du vécu et de l'expérience de la rencontre fait advenir l'univers poétique enun somptueux théâtre où la diversité des lieux foulés, des paysages nommés et des cultures jouées est la principale jauge de la sensibilité du jeune poète. Mise en branle face aux rencontres qui lui arrivent, aux horizons qui se découvrent, celle-ci exprime sans fard une forte envie de donner et de se donner. En atteste, en différents endroits du texte et du hors-texte, la modalité qui élance l'émotion et alimente la chaleur du langage :

Les pieds mis sur la mousse
Le cœur rempli de chagrins
Je suis un vagabond des mots
Un jongleur de syllabes
Un funambule de l'émotion
Un saltimbanque des strophes.

Une sémantique du bien-être isole le Royaume d'enfance en un lieu marqué, avatar d'un temps béni : « de longs troupeaux [y] coulaient, ruisseaux de lait dans la vallée » (Senghor 1990 : 109). D'un côté, à quelques encablures à peine de l'Océan se dressent Thiolaye (Colaay), le village natal, le plaisir visuel de ses campagnes baignées de soleil en toute saison, ses énigmatiques nuits étoilées et la vie alentour, ses réalités et ses mystères ; et en face, Joal, la citéhistorique prisonnière des marées et des haies de ses lagunes verdoyantes. Dès la tombée du jour, c'est de sa côte que la brise marine (yilmaan ne) exhale ses effluves sur la terre ferme et met la nature en rumeur. Dans ces lieux nommés où subsistent des traces de la monarchie gelwaar, le nom du poète, son patronyme, est objet d'éloge.

Mais, en dépit de cette beauté qui triomphe et lui parle, l'enfant, encore vert, rêve à une autre vie. Doué d'une foi en l'amour et en l'avenir et déjà paré de l'hygiène de l'initiation, il s'arrache de la « prison du temps » (Nabokov 2013) pourtant symbole d'une l'Afrique idyllique. Le contact avec l'ailleurs provoque en lui une fringale d'ouverture et un besoin de langage, une autre manière d'être à la fête qui le place dans un « pur état d'inspiré » (Zweig 1993) :

Je suis un vagabond en quête d'aventure
Dans ce grand voyage sans fin
J'embrasse chaque instant avec allure
Et j'en fais ma plus belle destinée
Je suis un pèlerin de la vie
Cherchant la lumière au bout du tunnel
Et je marche toujours sans bruit
Vers l'horizon lointain et éternel

Son intuition s'éveille davantage dans l'exil, une fois confronté à la rigueur du lieu du moment présent (solitude, souffrance, illusion de la différence…), en somme tout cela qui donne du sel à la rencontre. D'abord perplexe, puis « désarrimé de son leurre identitaire » (Morel 2018 : 8), il est enclin à cultiver la relation de sympathie. Malgré l'adversité du sort, il refuse de s'égarer. La parole qu'il adresse à la terre qui accueille et offre l'hospitalité met en route un désir de conciliation et une volonté de négociation qui le prédisposent à l'hybridation indispensable à la rencontre des cultures.

Ce premier recueil ne fait certes pas de son auteur un phénomène ; il n'est pas Rimbaud ni Hofmannsthal[2] pour atteindre à son âge ce que Stefan Zweig (1993 : 66) appelle « la perfection poétique absolue ». Des traces de l'influence du prestigieux auteur d'Œuvre poétique sont en outre décelables dans certaines mises en drame du pittoresque du lieu intime, dans des billets d'humeur dispersés pour distraire les misères humaines et dans certaines paroles éperonnées pour sublimer la résistance inspirante de la race noire mise face à l'histoire, son chemin de croix pavé de ronces. Mais le « poète juvénile » a de l'audace et du caractère, et làest son avantage. Car, écrit S. Zweig (op. cit., p.318), « quand le temps s'accélère et que les évènements se

[2] Poète et auteur dramatique autrichien né à Vienne en 1874, mort à Rodaun en 1929.

précipitent les natures qui savent se jeter à l'eau sans la moindre hésitation ont toujours l'avantage sur les autres ». Comme s'il se refusait à céder un privilège d'autorité au Grand Maître de langue, c'est avec la passion qui fermente dans son cœur qu'Abdou Faye se jette à l'eau et explore le monde pour éprouver ses états d'âme et dire ses impulsions en beauté.

Professeur Amade Faye
Université Cheikh Anta Diopde Dakar

Ombres et lumières

Au livre du destin, où les étoiles écrivent
Les pages du temps, douces plumes en survie
Chaque mot tracé, une histoire qui s'ouvre
Un poème éternel, un écho qui résonne
Les pages du temps, témoins des saisons
Où naissent les rêves, où germent les passions
Encre indélébile sur le parchemin des cieux
Révélant les secrets que le temps rend précieux
Les premières pages, blanches et immaculées
Comme les ailes d'un oiseau prêt à s'envoler
L'enfance, douce mélodie, innocente et pure
Une symphonie légère, une aube qui perdure
Puis vient le chapitre de l'ardeur adolescente
Les pages se parent de couleurs flamboyantes
Amours naissantes, rires, et premiers serments
Les pages du temps tournent, indépendantes
Au milieu du livre, entre les lignes tracées
Les rêves se tissent, les espoirs s'entrelacent
Les pages du temps deviennent plus épaisses
Porteuses des leçons, des joies et des prouesses
Mais, inéluctablement, les pages se plient
Au poids des années, des épreuves et des défis

Les souvenirs s'inscrivent dans chaque pliure
Les pages du temps, gardiennes de l'aventure
À la fin du volume, quand le crépuscule s'annonce
Les pages du temps se referment avec une once
D'une sagesse acquise, d'un amour infini
Le livre se clôt, mais l'essence persiste en nous, à l'infini

J'écris

J'écris pour m'écrire, sans but ni raison
Des mots sur le papier, sans aucune liaison
Je laisse ma plume vagabonder librement
Pour exprimer mes pensées, mes joies et mes tourments
Parfois mes phrases sont douces et harmonieuses
D'autres fois elles sont douces et sulfureuses
Je ne cherche pas à plaire ni à impressionner
Je me contente d'écrire, pour me libérer
Mes mots sont des reflets de mon âme en mouvement
Ils sont les témoins de mon évolution constante
À chaque jour sa page, à chaque page son histoire
Et c'est ainsi que j'écris, pour la vie et pour la gloire

Poème mélancolique

La mélancolie m'enveloppe
Tel un linceul sombre et épais
Je me sens comme une enveloppe
Des papiers froissés et usés
Les souvenirs me hantent
Les regrets m'envahissent
Les larmes coulent lentement
Et le silence me nourrit
Je suis comme une ombre
Qui erre sans but ni espoir
Je suis comme une feuille morte
Qui flotte au gré du vent sans pouvoir
Le temps passe et je reste
Figé dans ma tristesse
Je regarde le monde en détresse
Et mon cœur se serre dans ma poitrine
Je voudrais m'enfuir
Loin de cette douleur qui m'étreint
Mais je suis comme un prisonnier
Dans cette mélancolie qui me retient
Alors je laisse les larmes couler
Et je me laisse emporter
Par cette vague de tristesse
Qui m'emporte vers l'éternité

Vie de poète

Je suis un pauvre poète
Errant sur les chemins
Les pieds nus sur la mousse
Le cœur rempli de chagrins
Je suis un vagabond des mots
Un jongleur des syllabes
Un funambule de l'émotion
Un saltimbanque des strophes
Je vais de ville en village
De clairière en forêt
Cherchant des inspirations
Des histoires à raconter
Je suis- un mendiant d'amour
Un mendiant de beauté
Je tends ma main vers les cieux
En quête d'éternité
Mais malgré mon ombre statut
Je suis riche de mes vers
Car en eux je trouve la force
De continuer à travers l'univers

Ma plume solitaire

Sur la feuille blanche, elle danse
Écrivant les mots de mon âme en errance
Elle glisse légère comme une plume
Emportant avec elle mes rêves, mes brumes
Elle dessine les lettres avec adresse
Exprimant mes joies, mes peines, mes détresses
Elle trace les courbes, des points, des virgules
À la recherche de la juste formule
Ma plume solitaire et mon ami fidèle
Elle m'accompagne dans les moments les plus rebelles
Elle me console, me réconforte
Elle est le miroir de mes émotions les plus fortes
Elle est mon compagnon de route
Dans mes voyages et mes doutes
Elle est mon refuge, mon havre de paix
Dans un monde parfois si méchant
Alors je la laisse glisser sur le papier
Jusqu'à ce que mes émotions soient apaisées
Et dans sa douceur, dans sa poésie
Ma plume solitaire est pour moi une échappatoire infinie

L’envol du poète

Le monde m’a fait poète
Il m’a offert ses merveilles
Ses joies et ses peines
Ses amours et ses batailles
Le monde m’a fait poète
En me donnant des ailes pour voler
Des rêves pour m’inspirer
Des émotions pour m’exprimer
Le monde m’a fait poète
En me montrant sa beauté
Ses paysages grandioses
Ses visages émouvants
Le monde m’a fait poète
En me montrant sa laideur
Ses guerres et ses conflits
Ses injustices et ses malheurs
Le monde m’a fait poète
En me donnant des mots pour chanter
Des vers pour m’exprimer
Des histoires pour raconter

Vers nocturnes

Dans l'obscurité des nuits sans fin
J'ai écrit, porté par le destin
Les mots ont coulé de ma plume
Comme des échos dans l'amertume
J'ai écrit pendant des nuits entières
Voyageant au-delà des frontières
Mes pensées s'envolaient librement
Se dessinant sur les pages patiemment
Les étoiles étaient mes seules lueurs
Éclairant mes rêves, mes humeurs
Les mots dansaient sur le papier
Capturant mes joies, mes regrets
J'ai écrit pendant des nuits sans sommeil
Dans un silence où mon âme s'éveille
Cherchant refuge dans la poésie
Pour apaiser mon cœur en agonie
Les mots étaient ma voix intime
Un miroir reflétant mon abîme
Ils étaient mes confidents muets
Les témoins de mes pensées secrètes
J'ai écrit pendant des nuits solitaires
Échappant aux chaînes de la misère

Chaque vers était une libération
Une quête de paix, une exaltation
Les mots ont tissé des histoires
Des fragments de vie, des mémoires
Ils ont exprimé mes espoirs brisés
Mes douleurs, mes éclats d'éternité
J'ai écrit pendant des nuits sans fin
Pour donner une voix à mon chagrin
La poésie est devenue mon refuge
Mon refuge dans cet univers refuge

Le poète seereer

Je suis le poète seereer, enraciné dans ma terre
Portant en moi l'héritage d'une histoire fière
Dans mes vers, je célèbre ma culture
Évoquant les valeurs, les traditions qui perdurent
Je chante la beauté de mon peuple seereer
Son lien profond avec la nature, sa lumière
À travers mes mots, je tisse des liens sacrés
Entre le passé, le présent, l'avenir entrelacés
Je suis le gardien des contes et légendes
Transmettant la sagesse des anciens en offrande
Les chants ancestraux résonnent dans mes strophes
Éveillant les esprits, révélant les époques
Je célèbre les rythmes, les danses envoûtantes
Le tambour résonne, vibrant dans mes chants
La danse du ngel et du njom m'enflamme
Exprimant la vitalité de mon peuple avec flamme
Je suis le poète seereer un maillon d'une chaîne
Transmettant l'âme d'un peuple, son essence souveraine
Je peins des tableaux vivants avec mes mots
Révélant l'histoire et la richesse de mon drapeau
Dans mes vers résonne la voix des ancêtres
Leurs récits et leur courage, leur sagesse peut-être

Je suis le porte-parole de mon peuple, de son vécu
À travers mes poèmes, je rends hommage à leur vertu
Je suis le poète seereer affirmé
Portant avec fierté mon héritage sacré
Que mes mots traversent les frontières et le temps
Pour que résonne la voix du peuple Sérère, vibrant
Dans mes poèmes, je célèbre la diversité
L'unité dans la différence, une belle réalité
Je suis le poète seereer, porteur de l'histoire
Un ambassadeur des valeurs qui nous font victoire

Poète fou

Je suis un poète fou
Qui danse sur les mots
Je saute d'une rime à l'autre
Sans jamais perdre le tempo
Je vois des images partout
Dans le ciel et sur le sol
Je les transforme en poèmes
Pour les partager avec vous
Je suis un poète fou
Qui voyage dans son esprit
Je parcours les vastes horizons
Avec mes mots pour uniques guides
Je suis libre comme l'air
Et fou comme une hirondelle
Je chante ma propre musique
Et mes vers sont mes ailes
Je suis un poète fou
Qui ne suis aucune règle
Je crée mon propre univers
Où chaque mot est une merveille

La danse des vers

Dans un pas de deux langoureux
Les vers s'enlacent avec faveur
Pour former une danse sensuelle
Qui célèbre l'amour de la parole
Chaque syllabe est une caresse
Chaque rime une étreinte tendre
Et les mots se répondent en écho
Pour créer une symphonie envoûtante
Dans cette chorégraphie poétique
Le rythme est roi, la musicalité reine
Et l'âme de l'artiste se dévoile
Dans une danse qui n'a pas de pareille
La poésie, c'est une danse des vers
Un art éternel qui transcende le temps
Et qui nous transporte au-delà des mots
Pour atteindre l'essence même de l'âme

Vers et univers

Au creux des vers se déploie l'infini,
Univers en mots, où les étoiles se lient,
L'encre s'évade, danse avec le cosmos,
Les lignes s'étirent, emportent nos échos.
Dans chaque rime, une galaxie éclot,
Les strophes tissent des constellations d'or,
Les mots s'élèvent, se transforment en astres,
Guidant mes pensées, explorant les désastres.
Les vers, tels des vaisseaux, traversent les cieux,
Frôlent les soleils, effleurent les dieux,
Ils sculptent les mondes, érigent des univers,
Où la magie des mots se fait éphémère.
Ils peignent des paysages d'une beauté rare,
Des océans de vers où se noie le regard,
Des forêts de syllabes, refuges de mystères,
Où l'on se perd pour mieux se retrouver.
Le poète, tel un astre solitaire,
Éclaire de sa plume les confins de la Terre,
Il donne vie aux songes, aux rêves éthérés,
Crée des constellations pour mieux exister.
Vers après vers, le cosmos se déploie,
Dans la poésie, l'univers se noie,

Et mon esprit vagabonde, en quête d'éternité,
Entre les lignes, j'explore l'infinité.
Vers et univers, en unissant leurs voix,
Tissent un lien ténu, une symphonie de choix,
L'écriture devient la porte des possibles,
Où l'univers et les mots se font indéfectibles.
Ainsi, mes vers s'élèvent vers l'infini,
En quête d'univers à l'éclat assoupi,
Et dans le silence des pages qui se tournent,
Je m'évade, je vibre, je me réinvente et j'apprends.

J'ai souffert…

J'ai souffert pour en arriver là, dans cette contrée
Où les défis étaient nombreux, les nuits étoilées
À travers les tourments de l'adversité
J'ai tracé mon chemin, j'ai persisté
Les préjugés et les regards méfiants
M'ont souvent suivi comme des ombres errantes
Chaque épreuve était un pas vers l'inconnu
Mais dans ma quête, j'ai toujours continué
J'ai souffert pour en arriver là, c'est vrai
Les obstacles semblaient parfois insurmontables
Mais ma détermination était inébranlable
Et j'ai persisté, jour après jour, à avancer
À présent, je me tiens ici, fort et déterminé
Une preuve vivante de ce que l'on peut réaliser
Malgré les tourments, malgré les épreuves
J'ai surmonté tout, avec force et avec rêves
J'ai souffert pour en arriver là, mais je reste fier
De l'homme que je suis devenu, malgré l'amer
Car les épreuves ont forgé ma personnalité
Et m'ont conduit vers la réalité que je mérite

Leur histoire se fond dans les eaux salées
Le chant des naufragés, souvenir désolé
Dans les profondeurs réside leur mélodie
Un récit amer d'une traversée sans sortie
Où l'espoir et la peine dansent en harmonie
Dans le chant des naufragés, écho de leur agonie
À travers les flots, leur mémoire résonne
Comme un appel poignant, une triste couronne
Témoignage des vies prises par l'océan
Le chant des naufragés, éternel et poignant

L’envie de paraître

Sous les projecteurs, je me tiens
Comme un acteur sur scène
Je me pare de mes plus beaux atours
Pour que tous me remarquent, pour être à mon tour
L’envie de paraître, de briller
M’habite depuis toujours, m’accompagne
Je veux être vu, être admiré
Et que tous se tournent vers moi en émerveillement
Je déploie mes charmes, je joue de mon sourire
Je mets en avant mes talents, mes atouts
Je me montre sous mon meilleur jour
Et je fais tout pour que l’on ne puisse pas m’ignorer
Mais cette envie de paraître, si forte et si puissante
Peut parfois me jouer des tours, me rendre arrogant
Je me perds dans la vanité, l’orgueil
Et je retrouve seul, sans amis, sans amour
Alors je réalise que ce n’est pas l’envie de paraître
Qui m’apportera la vraie gloire, le véritable bonheur
Mais plutôt la modestie, l’empathie, la générosité
Et l’amour de ceux qui m’entourent, pour toujours

Cauchemar

Je suis prisonnier d'un cauchemar
Où les ombres rampent et les cris résonnent
Où la peur m'enserre, me paralyse
Où le mal s'immisce et me terrorise
Je suis en proie à des démons
Qui me poursuivent sans répit
Qui me hurlent des mots insensés
Qui me condamnent sans pitié
Je suis dans un labyrinthe sans fin
Où les murs se resserrent, où les portes se ferment
Où les chemins se croisent, où les issues s'effacent
Où les pièges surgissent, où les ennemis s'enlacent
Je suis épuisé de fuir
De courir sans but, de me cacher sans espoir
De chercher une issue, une lumière, un salut
De lutter contre mes peurs, mes angoisses, mes doutes
Je suis pris au piège de mon propre esprit
Où les souvenirs me hantent, où les regrets me rongent
Où les illusions se brisent, où les espoirs se fanent
Où les cauchemars s'entremêlent où les réalités s'évanouissent
Je suis enfin réveillé le cœur battant
Les yeux écarquillés, l'esprit tourmenté
Je suis en vie, mais le cauchemar persiste
Comme une ombre qui me suit, une peur qui m'attriste

Perdu

Je suis perdu dans l'obscurité
Comme un navire en haute mer sans direction
Je cherche désespérément le chemin
Mais tout ce que je vois, c'est le noir, sans fin
Je suis perdu, comme enfant sans mère
Je suis en quête de réponse, mais rien ne vient
Je me sans abandonné, trahi, seul sur cette terre
Et mon cœur est rempli d'amertume, de chagrin
Je suis perdu, comme une feuille emportée par le vent
Je suis en quête de sens, mais rien n'est évident
Je cherche un repère, un guide, un phare dans la nuit
Mais tout ce que je trouve, c'est le vide, l'ennui
Je suis perdu, comme un étranger dans un pays inconnu
Je suis en quête de moi-même, mais tout est confus
Je cherche mon identité, ma place dans ce monde
Mais tout ce que je vois, c'est le chaos, le monde qui gronde

Chute

Je suis en haut, je suis en l'air
Je suis libre, je suis fier
Je plane au-dessous de la vie
Je suis invincible, je suis infini
Mais soudain, tout bascule
Je perds mon équilibre, je trébuche
Je chute, je tombe, je dégringole
Je perds tout contrôle, je me désole
Je hurle, je crie, je panique
Je voudrais m'arrêter, mais c'est tragique
Je descends à toute vitesse
Je n'ai plus qu'à attendre la détresse
Et puis, au moment où je suis à bout de souffle vain
Je sens une main qui me rattrape
Qui m'arrête, qui me relève et m'embrasse
Je me relève, je suis sonné
Mais je suis debout, je suis survenu à la chute
Je suis plus fort, plus résistant
Et j'ai appris qu'on peut toujours se relever, même après un instant

Je me sens seul

Je me sens seul, dans un monde rempli de gens
Où je marche sans but, sans connaître mes vrais amis
Je cherche un peu de chaleur, un peu de réconfort
Mais je n'arrive pas à trouver ce qui me convient
Je suis entouré de voix, mais personne ne comprend
Je suis enveloppé de bruits, mais il n'y a pas de son qui résonne
Je me sens seul, comme si j'étais sur une île déserte
Sans personne à qui parler, sans personne à qui confier
Je suis fatigué de sourire, de faire semblant de m'intéresser aux autres
Je veux juste trouver quelqu'un qui me comprenne
Quelqu'un à qui je pourrai dire ce que je ressens
Je ne veux plus être seul, je veux être entouré d'amour
Je veux que mes jours soient remplis de rire et de bonheur
Je veux que ma vie soit remplie de personnes qui m'aiment
Et qui me comprennent, sans jugement sans rien me demander en retour
Je me sens seul, mais je garde espoir
Que je trouverai un jour ce que je cherche
Et que je ne me sentirais plus seul
Mais entouré d'amis, d'amour et tendresse

J’ai peur

J’ai peur de l’obscurité qui m’entoure
Quand la nuit tombe et tout est sombre
Je sens mon cœur qui bat plus fort
Et mes pensées qui se perdent dans le décor
J’ai peur de l’avenir incertain
De ne pas savoir où je vais demain
Je me demande souvent quelle sera ma destinée
Et si je saurai affronter les épreuves qui m’attendent
J’ai peur des mots qui blessent et qui tuent
Des mensonges qui détruisent tout sur leur passage
Je crains de ne plus jamais être aimé
Et de vivre dans la solitude pour l’éternité
J’ai peur de perdre ceux que j’aime
De ne plus revoir ou de ne plus entendre leur voix
C’est peut-être ce qui me fait plus peur
De vivre sans eux, dans un monde sans couleur

Je marche seul

Je marche seul sur le chemin de la vie
Sans peur, sans regret, sans mélancolie
Je trace ma route sans regarder derrière
Je suis mon cœur, sans me laisser distraire
Je marche seul, mais je ne suis pas seul
La nature m'accompagne, m'enveloppe de son linceul
Les oiseaux chantent pour moi leur mélodie
Les arbres me saluent, et me font signe de leur vie
Je marche seul, mais je suis en paix
Dans mon esprit, j'ai chassé mes mauvais
J'ai pris la décision de ne plus m'encombrer
De tout ce qui pourrait me faire trébucher
Je marche seul, mais je suis libre
Libre de choisir ma vie, de suivre mes envies
De vivre chaque instant sans me préoccuper
De ce que les autres peuvent penser

Voyageur solitaire

Je suis un voyageur solitaire
Marchand sans relâche vers l'horizon
Le cœur rempli d'espoir et de mystère
Et l'âme bercée par la passion
Je parcours des routes sans fin
À la recherche d'un avenir meilleur
Où je pourrais enfin trouver mon destin
Et vivre en paix loin des tourments et des pleurs
Je suis étranger dans ce monde
Observant les merveilles de la vie
Des moments de joie et de profondes ondes
Et parfois de tristesse sans bruit
Je suis un vagabond en quête d'aventure
Dans ce grand voyage sans fin
J'embrasse chaque instant avec allure
Et j'en fais ma plus belle destinée
Je suis un pèlerin de la vie
Cherchant la lumière au bout du tunnel
Et je marche toujours sans bruit
Vers l'horizon lointain et éternel

La vie en contemplation

Je contemple cette vie qui passe
Telle une brume éphémère qui s'efface
Comme un rêve évanoui au matin
Elle s'égrène, sans fin, sans refrain
Les jours filent, comme des étoiles filantes
Laissant derrière eux des souvenirs vibrants
Les saisons se succèdent, se mêlent
Emportant avec elles le temps qui s'égrène
Les rires, les pleurs, les joies, les peines
Sont autant de couleurs sur la toile terrienne
Les rencontres, les adieux, les amours, les ruptures
Sont autant d'histoires gravées dans notre nature
Je contemple cette vie qui s'en va
Comme une rivière qui poursuit son trépas
Les moments précieux, les instants furtifs
Sont autant de perles dans le collier du vif
Et pourtant, dans cette course effrénée
Je trouve la beauté, la magie, la sérénité
Dans chaque aube qui se lève sur l'horizon
Dans chaque coucher de soleil, une émotion
Je contemple cette vie qui s'épanouit
Avec ses mystères, ses défis, ses fruits

Les étoiles dansent dans mes yeux émerveillés
Et je savoure chaque instant, sans jamais m'en lasser
Car la vie est éphémère, un souffle qui passe
Et il nous appartient de la vivre avec grâce
Dans cette éternelle danse du temps
Je contemple cette vie, un trésor éclatant

Les routes de l'aventure

Les chemins s'ouvrent devant moi
Des destinations à découvrir
Des montagnes à escalader
Les mers à contempler
Des rencontres à faire
Des souvenirs à graver
Des rires des larmes
Des moments à sauver
L'aventure m'appelle
Elle me guide, me mène
Vers des horizons lointains
Où tout peut arriver
Je marche sans savoir
Où, mais pas me mèneront
Mais je suis prêt à tout
Pour vivre cette aventure
Car c'est là que je trouverai, la vérité, la sagesse
Et tout ce que je cherche
Dans ce voyage sans cesse

Au-delà des jugements

Dans l'océan des jugements sans fin
Je me noie dans les flots du destin
Peut-être je devrais plus m'occuper
De la morale des autres, m'émanciper
Les opinions flottent comme des navires
Leur poids m'enserre, me fait souffrir
Mais pourquoi me laisser troubler ainsi
Quand mon cœur chante sa propre mélodie ?
Les regards scrutateurs cherchent à évaluer
À ranger ma vie dans des cases figées
Peut-être je devrais leur tourner le dos
Pour trouver ma voie, être enfin disponible
La morale des autres, elle me retient
M'enchaîne aux attentes et aux liens
Mais je suis libre, je suis mon propre guide
Dans les lueurs de mon âme, je décide
Alors je laisse les jugements s'envoler
Leurs paroles vides se dissipent en fumée
Peut-être je devrais plus m'occuper
De mon bonheur, de ma paix retrouvée
Car au fond de moi, brille une étoile
Qui guide mes pas, éclaire ma toile
Et peu importe les normes établies
Je suis moi-même, j'existe en harmonie

Rimer ma peine

Je rime ma peine en vers douloureux
Les mots s'égrènent, tristes et langoureux
Mon cœur se serre, mon âme est en peine
Mais mes larmes sont des cris étouffés
Des soupirs de douleur, des rêves brisés
Je cherche en vain à trouver mes tourments
Mais la tristesse habite mes sentiments
Je rime ma peine comme on pleure en amour
En laissant couler les mots, sans détour
J'espère ainsi trouver un peu de réconfort
Et apaiser mon cœur, qui souffre encore
Je rime ma peine pour exorciser ma douleur
Pour trouver enfin la paix intérieure
Et je sais qu'un jour, mes larmes séchées
Je pourrai enfin retrouver la sérénité

Mon chemin

Mon chemin est tracé devant moi
Je marche chaque jour sans relâche
Parfois il est clair, parfois il est flou
Mais je continue d'avancer avec panache
Je regarde en arrière, et je vois mes traces
Les hauts et les bas, les rires et les larmes
Tous ces moments qui ont fait ma vie
Et qui m'ont permis de devenir celui que je suis
Je regarde autour de moi et je vois la beauté
La nature qui m'entoure, les couleurs qui m'émerveillent
Je sais que chaque jour est une opportunité
Pour découvrir de nouvelles merveilles
Je regarde en avant, et je vois l'inconnu
Les défis et les obstacles qui m'attendent
Mais je sais que je ne suis pas seul
Et que je pourrai les surmonter en me battant

Délivrance

Mes larmes prennent fin, je m'évade de la douleur
Je sens mon âme légère, je retrouve le bonheur
Je me libère de mes souffrances de mes peurs enfuies
Je laisse derrière moi les regrets et les angoisses de la vie
Je ressens enfin la paix qui m'envahit de toute part
Je me sens en harmonie avec mon être et mon cœur
Je sens la douleur de l'instant, qui me remplit de tendresse
Je suis comblé de sérénité, je me sens enfin en liesse
Mes larmes prennent fin, je peux enfin sourire
Je sens mon corps qui bat, je me sens revivre
Je respire l'air pur de la vie, je me sens enfin vivant
Je suis ému de joie, je me sens libre et triomphant

Voix de l'indignation

Je sors du silence, la voix enfin libérée
Pour dénoncer l'injustice la peur et l'obscurité
Je ne peux plus taire ma douleur, ma colère et ma rage
Face aux maux qui rongent notre monde, notre paysage
Je sors du silence, pour briser les chaînes de l'ignorance
Et combattre l'indifférence, la haine et l'intolérance
Je ne veux plus me taire face à tant de violence
Et je clame haut et fort ma foi en l'espérance
Je sors du silence, pour faire entendre ma voix
Contre les abus de pouvoir, les injustices et les lois
Je ne veux plus me cacher ni subir en silence
Et je marche fièrement vers un monde plus clairvoyant
Je sors du silence, pour revendiquer mes droits
Et défendre la dignité de chaque être humain sur cette terre
Je ne veux plus rester dans l'ombre ni vivre dans la peur
Et je proclame avec force mon amour pour l'humanité tout entière

Exil

Au loin, l'horizon s'étend à perte de vue
Et je contemple cette immensité sans fin
Mon cœur alourdi par le poids de l'absence
Qui me fait sentir étranger à mon propre sein
Je suis en exil, loin de mes racines
De ma terre natale, de mon pays
Et je ressens au plus profond de moi
La douleur de la séparation infinie
Je me souviens de ces jours heureux
Où je courais dans les champs de mil
Où je chantais les louanges de ma patrie
Et où je me sentais en sécurité
Mais aujourd'hui, tout cela semble si loin
Comme une étoile filante dans le ciel
Et je suis seul, errant dans un monde inconnu
Sans pouvoir retourner auprès des miens
Pourtant, malgré la tristesse de mon exil
Je garde en moi la flamme de l'espoir
Car je sais qu'un jour je pourrais rentrer au Royaume
Et enfin, trouver mon cœur et mon histoire

Dernière nuit

C'était ma dernière nuit avant mon départ
Tout s'animait, dans une douceur de vivre
Les lumières scintillaient, comme des éclats d'art
Et le temps semblait s'arrêter, pour me faire revivre
Je marchais dans les rues, une dernière fois
En absorbant chaque instant, chaque détail
Je m'imprégnais de l'atmosphère, comme une loi
Pour que ce souvenir, reste en moi, comme un trait d'arc-en-ciel
Les odeurs, les bruits, les couleurs, tout est vibrant
Et je m'enivrais de cette vie, de cette énergie
Avant de partir vers un autre continent
Pour une nouvelle vie, une autre destinée
Ma dernière nuit, je la passe à contempler
Le ciel étoilé, comme pour me rappeler
Que ce monde est vaste, et il y a tant à découvrir
Et que la vie est une aventure à chaque instant, à chaque soupir
Alors j'ai fermé les yeux, le cœur rempli de joie
Et je me disais que ce départ n'est pas un adieu
Mais juste une nouvelle étape, dans ma vie, une autre voie
Vers de nouveaux horizons, vers de nouveaux cieux

Embûches de la vie

La vie que je mène est comme un chemin de pierres
Semé d'embûches de joie et des peines
Un parcours tumultueux, parfois solitaire
Mais qui me façonne et me donne de la peine
La vie que je mène est comme un océan
Parfois calme, parfois agité
Où les vagues emportent les émotions
Et où je dois lutter pour ne pas sombrer
La vie que je mène est comme un livre
Où chaque page est une nouvelle histoire
Où chaque chapitre est une leçon à vivre
Où chaque mot pour changer ma mémoire
La vie que je mène est faite de rencontres
Des moments précieux et d'amitié sincère
Des liens qui se créent et qui me réconfortent
Et qui me donnent la force de continuer

Départ

Au loin s'en va l'horizon
Emportant avec lui mes illusions
Je me retrouve seule face au vent
Observant le temps qui s'enfuit en grinçant
Les feuilles mortes se font la belle
Emportant avec elles mes envies éternelles
Je reste là, à contempler leur danse
Me demandant si un jour j'aurais la chance
La mer s'agite et gronde en silence
Déchirant mon cœur en une lente effervescence
Je laisse derrière moi mes souvenirs
Me promettant de ne plus jamais revenir
Et je marche, avançant vers l'inconnu
Le cœur lourd, l'esprit un peu perdu
Mais je sais qu'au bout de cette route
Je trouverai la paix, et peut-être même le bonheur en écoute
Je laisse le passé derrière moi
Me concentrant sur l'avenir qui se déploie
Et je souris, même si j'ai peur
Car je sais que chaque départ m'ouvre une nouvelle porte, un nouveau bonheur

Souvenirs

Des moments heureux, des moments tristes
Dans ma terre natale que j'ai quittée
Des souvenirs sont restés gravés dans mon esprit
Des moments que je n'oublierai jamais
Les rires des enfants qui jouent dans la rue
Le parfum des épices sur les étals du marché
Les fêtes traditionnelles, la musique sérère qui résonne
Les couleurs vives des costumes et des danses
Mais il y a aussi la douleur, la peine
Les larmes versées pour ceux qui sont partis
Les cris de protestation pour la démocratie
Les combats pour la justice et l'égalité
Des souvenirs qui me font sourire
D'autres qui me font pleurer
Des instants qui m'ont construit
Et qui m'ont aidé à grandir
Je suis parti, mais mon cœur est resté
Avec les gens que j'ai aimés
Avec les souvenirs que j'ai créés
Dans ma terre natale que je n'oublierai jamais

Terre étrangère

En terre étrangère, je suis perdu
Loin de chez moi, de ma vie passée
Je marche seul, sans but, sans guide
À la recherche d'une place pour rester
Je ne connais personne, ni les rues
Ni les gens ni leur culture, leur histoire
Je suis un étranger, sans amis, sans amour
Dans ce monde qui m'est si étranger et pourtant si beau
Mais je continue à avancer
Avec espoir et détermination
Car je sais que je trouverai ma place
Où je pourrais être moi-même sans imitation
Et peut-être que je trouverai l'amour
Où des amis, qui savent ce que c'est
D'être étranger, loin de chez soi
Et qui peuvent partager ma solitude et ma tristesse
En terre étrangère, je suis seul
Mais je ne suis pas découragé
Car je sais que je trouverai ma voie
Et que je serais heureux, un jour

Partir pour revenir

Je pars en quête d'aventures
Loin de ce que j'ai connu
Pour découvrir de nouvelles cultures
Et grandir, plus fort et plus beau
Je quitte ce qui a été ma vie
Mes amis, ma famille, ma maison
Mais je sais que je dois partir
Pour trouver ma place et ma maison
Je veux voir des merveilles
Des endroits que je n'ai jamais vus
Rencontrer des gens différents
Et apprendre de leurs histoires plus
Mais bien que je sois loin
Mon cœur reste ancré à la patrie
Et je sais que ce voyage m'aidera
À trouver ma place dans ce monde si vaste
Alors, je pars, avec courage et espoir
Et je sais que je reviendrai
Plus fort et plus sûr de moi
Prêt à affronter ce que la vie m'offrira

L'amour

L'amour réside dans ce que tu as
Dans ce que tu donnes sans compter
Dans ces moments où tu te livres
Où tu laisses ton cœur parler
L'amour ne se mesure pas en richesse
Ni en biens matériels accumulés
Mais dans les sourires que tu offres
Et les gestes tendres que tu prodigues
Il réside dans tes paroles douces
Dans tes regards remplis de tendresse
Dans tes mains qui réconfortent
Et tes câlins qui apaisent les détresses
L'amour se nourrit de la confiance
De la complicité et de la sincérité
Il se construit dans la patience
Et grandit avec la fidélité
Il ne s'achète pas, il ne se vend pas
Il ne se trouve pas au détour d'un chemin
L'amour est un trésor précieux
Qui se cultive chaque jour, sans fin
Alors, ouvre ton cœur à l'amour
Et laisse-le t'envahir sans retenue
Car il réside en toi, en chacun de nous
Et ne demande qu'à être partagé sans tabou

Je t'ai cherché

Je t'ai cherché dans les nuages blancs
Dans le vent qui caresse les champs
Dans les rayons dorés du soleil levant
Dans les étoiles qui brillent dans les firmaments
Je t'ai cherché au creux de mes pensées
Dans mes rêves et mes fantasmes insensés
Dans mes souvenirs les plus enfouis
Dans mes illusions et mes désirs interdits
Je t'ai cherché dans la foule des hommes
Dans les yeux qui cherchent la même somme
Dans les sourires et les regards croisés
Dans les mains qui se tendent sans hésiter
Je t'ai cherché jusqu'au bout du monde
Dans les déserts brûlants et les mers profondes
Dans les montagnes et les vallées verdoyantes
Dans les villes bondées et les contrées lointaines
Et puis un jour, au détour d'un chemin
Je t'ai enfin trouvé, toi qui étais si loin
Dans tes yeux j'ai vu l'éclat du bonheur
Dans tes bras, enfin trouvé mon cœur

Les saisons de l'amour

L'amour en été est comme un doux soleil
Il réchauffe nos cœurs et nous fait étinceler
Les jours sont longs, les nuits sont chaudes
Et l'amour se nourrit de chaque instant qui se dérobe
L'amour en automne est comme un feuillage doré
Il nous offre un spectacle magnifique et coloré
Les arbres se séparent de leurs plus belles couleurs
Et l'amour se teinte d'une mélancolie enivrante
L'amour en hiver est comme un manteau de neige
Il enveloppe dans sa douceur et sa légèreté
Les flacons tombent, silencieux et féériques
Et l'amour se réchauffe dans la chaleur des étreintes
L'amour au printemps est comme une fleur qui éclot
Il nous surprend par sa fraîcheur et sa vitalité
Les bourgeons s'ouvrent, la nature se réveille
Et l'amour se renouvelle, plein de promesses et d'espoir
Ainsi, les saisons de l'amour se succèdent
Chacune offrant son lot de sensations et d'émotions
Mais l'amour demeure immuable et éternel
Toujours prêt à nous émerveiller et à nous enchanter

Inaccessible

Inaccessible, un amour si vrai
Pourtant, tu es ici loin de moi
Ton sourire, ta voix, ta grâce
M'ont envoûté sans laisser de traces
Je rêve de toi chaque nuit
De sentir tes lèvres douces sur les miennes
De tenir ta main, de sentir ta peau
Mais je sais que ce n'est qu'un vain espoir
Car tu es inaccessible, un amour inaccessible
Ta vie est comme un livre fermé, sans pages à tourner
Je ne peux qu'admirer de loin ton éclat
Sans jamais pouvoir t'atteindre, sans jamais pouvoir te toucher
Pourtant, mon cœur ne peut pas lâcher
Je suis prisonnier de cet amour si profond
Je t'aime à la folie, sans condition
Même si tu es inaccessible, pour toujours inaccessible
Alors je continuerai de te chérir en secret
De t'aimer sans espoir de retour
Car mon amour pour toi est plus fort que la raison
Et je sais que tu seras à jamais inaccessible

Les sommets de l’amour

Le verbe aimer se mesure à des montagnes
Imposantes, majestueuses, éternelles
Qui défient le temps, les hommes et les peines
Et nous éblouissent de leur beauté surnaturelle
Aimer, c’est gravir des cimes escarpées
Franchir des abîmes, surmonter des obstacles
Et puiser en soi des forces insoupçonnées
Pour atteindre les sommets de l’amour, inébranlables
Le verbe aimer se mesure à des montagnes
Et chaque pas, chaque souffle est une victoire
Sur la peur, sur la douleur, sur la peine
Et sur tout ce qui entrave notre histoire
Alors, grimpons, encore et toujours plus haut
Vers des horizons où tout devient possible
Et que notre amour soit aussi grand que les flots,
Qui se brisent sur les rochers impassibles
Le verbe aimer se mesure à des montagnes
Et chaque jour est une nouvelle ascension
Vers des sommets toujours plus hauts, plus grands
Et vers l’éternité de notre passion

Cœur enflammé

Cœur enflammé, flamme ardente
Brûlant d'un amour éternel
Mon cœur ne trouve aucun répit
L'amour est une chaleur divine
Qui éveille les sentiments les plus purs
Une flamme qui ne peut être éteinte
Par les vents du temps ni les coups du sort
Dans les bras de celle que j'aime
Je trouve refuge et paix
Son amour est mon abri
Et ma flamme ne vacille jamais
Même lorsque les jours sont sombres
Et que les nuages voilent le ciel
Son amour brille de mille feux
Et je suis ébloui, je suis ému
Cœur enflammé, je te dédie
Cet amour qui n'a pas de fin
Que chaque jour il brille davantage
Et que notre amour ne soit jamais déclin

Instant magique

Moment unique, instant tragique
Lorsque nos regards se sont croisés
Un frisson a parcouru mon corps
Et j'ai su que mon cœur était pris
C'était comme si le temps s'arrêtait
Et que le monde entier s'effaçait
Seul comptait ce moment d'éternité
Où notre amour a été éveillé
Le coup de foudre, un phénomène rare
Qui transcende les lois de la vie
Un amour qui jaillit sans prévenir
Et qui brûle avec une telle intensité
Dans les yeux de l'autre, je vois mon avenir
Et je sais que ce sera pour toujours
Car l'instant magique est éternel
Et notre amour ne pourra jamais s'éteindre

Le silence de ton absence

Le silence de ton absence, je l'entends chaque jour
Il envahit ma vie, s'immisce dans mes pensées
Il me rappelle à chaque instant que tu n'es plus là
Que tu m'as quitté, que tu t'es éloignée
Le silence de ton absence, c'est un vide immense
Qui me pèse sur le cœur, qui m'étouffe à chaque instant
Il me rappelle sans cesse que tu n'es plus là
Que tu as tourné la page, que tu as choisi ton chemin
Le silence de ton absence, c'est une douleur profonde
Qui m'envahit chaque jour, qui ne me quitte plus
Il me rappelle que sans toi, ma vie est sans valeur
Que je suis seul, abandonné, perdu
Le silence de ton absence est un cri dans le vide
Que personne n'entend, que personne ne comprend
Il me rappelle que j'ai perdu la plus belle des femmes
Que j'ai laissé mon amour pour toujours
Le silence de ton absence, c'est un amour en suspens
Qui ne se consumera jamais, qui ne s'éteindra jamais
Il me rappelle que je veux plus que tout
Que mon cœur bat encore pour toi malgré le temps qui passe
Le silence de ton absence, c'est une blessure qui saigne
Qui ne cicatrisera jamais, qui restera à jamais ouverte
Il me rappelle que j'ai perdu l'amour d'une vie
Que je ne pourrai jamais te retrouver, que je resterai seul à jamais

Yaa booy

Yaa booy, toi qui portes le doux nom de mère
Tu es l'étoile qui guide mes pas sur cette terre
Dans tes bras, j'ai connu le premier amour
Une tendresse infinie qui dure pour toujours
Ton sourire est un rayon de soleil
Il éclaire mes jours et apaise mon sommeil
Ta voix douce chante des berceuses de bonheur
Et efface les peines, les maux et les malheurs
Yaa booy, tu es le pilier de ma vie
Une force inébranlable qui jamais ne faiblit
Tu as nourri mes rêves de tes mots si sages
Et dans ton regard, j'ai trouvé mon ancrage
Tu es l'étoffe qui a tissé mon existence
Le fil d'amour qui relie toutes les circonstances
Tu as su sécher mes larmes et panser mes blessures
Me montrant le chemin vers un avenir d'aventures
À toutes les mamans du monde, je vous salue
Vous qui êtes des héroïnes inconnues
Vous donnez la vie avec tant de courage
Et remplissez nos cœurs d'un amour sans âge
Vous êtes des guerrières, des reines, des déesses
Qui éclairent nos vies de leur tendre caresse

Votre amour est un trésor précieux et infini
Et dans vos bras, nous trouvons notre paradis
Yaa booy, ma mère, je te dédie ce poème
Pour honorer ton amour qui m'a transformé en homme
Avec gratitude et respect, je te dis merci
Et je t'aime plus que les mots ne puissent le dire

L’éternel présent

Dans l’ombre des souvenirs, un visage cher s’est éteint
Mon père, étoile lointaine, au ciel, ton voyage a atteint
Les jours se sont vêtus de deuil, le silence a pris place
Mais dans mon cœur, ton amour trace une éternelle trace
Sous le manteau du ciel, où les étoiles dansent
Tu deviens une lumière, une éclatante présence
Ton regard bienveillant, ta voix qui réconforte
Sont de doux murmures dans les recoins de ma porte
Les saisons défilent, comme des pages tournées
Mais ton amour demeure, une douce mélodie murmurée
Dans les souvenirs, chaque rire, chaque enseignement
Est un héritage précieux, un écho bienveillant
Les instants partagés, les moments de complicité
Sont des trésors gravés dans l’album de ma réalité
Ton amour de père, un phare dans la nuit sombre
Guide mes pas, éclaire le chemin de mon ombre
Les larmes versées sont des pétales de nostalgie
Chaque pensée pour toi, une douce mélodie
La vie continue, mais tu es gravé dans mon être
Mon père, mon guide, dans l’infini, tu renaîtras peut-être
À travers le voile du temps, je te ressens près
Comme une brise légère, une caresse de l’Univers

Mon père, mon héros, même si le monde s'est tu
Ton amour persiste, éternel, immortel, éperdu
Dans le jardin des souvenirs, tu demeures en fleur
Mon père, mon amour, une étoile dans mon cœur
Chaque pensée pour toi est une douce prière
Mon père, en toi, je trouve une paix sincère

Orphelin

Orphelin, seul dans le monde
Tu marches sans bruit ni repère
Ta vie est comme une longue ombre
Et ton cœur, souvent en colère
Tes parents sont partis trop tôt
Et tu te sens si abandonné
Tu voudrais tellement être plus beau
Pour qu'enfin tu sois aimé
Mais ne t'en fais pas, petit orphelin
Tu n'es pas seul dans cette épreuve
Il y a des gens qui t'aiment bien
Et qui te donneront leur cœur sans réserve
Car la vie nous réserve des surprises
Des gens qui sauront nous voir
Et nous donner de l'amour sans prise
Les souvenirs restent encrés
Dans notre cœur et dans notre esprit
On se rappelle leur douceur
Et de tous les moments de bonheur

Comme une gazelle

Comme une gazelle, elle bondit en avant
Avec grâce et élégance, elle va et vient
Son sourire est lumineux, sa porte dorée
Comme si le soleil en elle était né
Ses yeux sont perçants, aussi noirs que la nuit
Et son sourire résonne, comme une musique douce
Elle est forte et déterminée, mais aussi tendre et douce
Une beauté naturelle qui ne peut être choquée
Elle parcourt la vie avec agilité
Sautant par-dessus les obstacles qui se dressent sur son chemin
Elle est indomptable et féroce, mais aussi délicate et gracieuse
Comme une gazelle qui traverse la savane
Elle est un joyeux précieux, rare et unique
Une source de lumière dans les moments les plus sombres
Son esprit est vif, son cœur est généreux
Et sa présence est un cadeau pour ceux qui la connaissent
Comme une gazelle, elle est belle et libre
Une déesse sur terre, forte et fière
Elle est l'amour, la vie et la liberté
Et son nom est un hommage à sa grâce éternelle

Lumière dans les ténèbres

Dans un monde parfois cruel et dur
La femme noire rayonne d'un éclat pur
Contre les obstacles, elle persiste
Défiant, les stéréotypes, les inégalités qui subsistent
Elle est forte, elle est élégante
Elle est bravoure, elle est intégrité
Elle porte en elle la lumière d'un peuple
D'une lutte, d'un parcours pour la dignité
Elle est la brillance dans l'ombre
Le courage dans la nuit, le soutien dans les peines
Elle guide, elle éclaire
Elle est la défenseure, le bien
Femme noire, en elle se trouve la vérité
La beauté, la sagesse, la puissance, la bonté
Elle est la source d'admiration, d'inspiration
Elle est la brillance dans l'ombre, l'illumination

Essence noire

Des racines profondes, une histoire ancienne
Une énergie vive, une force inébranlable
Un mélange vibrant de cultures et de couleurs
L'essence noire est un joyeux inestimable
De la dignité à la fierté, de la lumière à l'obscurité
Elle est la source de courage et de sagesse
Une source intarissable d'inspiration et de créativité
Une beauté simple et éternelle, qui ne s'efface jamais
La peau noire est une toile sur laquelle sont peints les rêves
Les peines, les espoirs, les larmes et les sourires
Elle est le témoin de la vie, de l'histoire, de la culture
Elle est la source d'une fierté, d'une dignité, d'une unité
Qui transcende les frontières, les cultures et les couleurs
Elle est un cri pour la justice, pour la liberté, pour l'égalité
Pour le respect de l'humanité, pour le droit à la vie
L'essence noire, c'est plus que de la peau, c'est une histoire
Une culture, une force, une inspiration, une lumière
Elle est en hommage à la diversité, à la beauté, à la vie
Une source de fierté, de courage et d'espoir pour toujours

Royaume d'enfance

À Thiolaye où je suis né
Un monde merveilleux, où tout était si béni
Les champs verdoyants, les collines douces
Les prairies d'or, où les papillons se touchent
C'est là que j'ai grandi, dans ce petit royaume
Où la nature régnait sans aucun tourment
Les enfants jouaient sans souci de temps
Et les rues étaient remplies, de chants et de rires innocents
Les forêts s'étendaient, jusqu'au loin
Les ruisseaux murmuraient portaient l'eau du matin
Les montagnes de cocotiers se dressaient fièrement
Et les rayons du soleil éclairaient tout le village simplement
C'était un endroit magique ou la vie était belle
Où tout était simple, sans aucun artifice
Les gens se connaissaient, sans se juger
Et le bonheur régnait sans jamais faillir
Aujourd'hui, je suis loin de ce royaume d'enfance
Mais dans mon cœur, il reste un emplacement
Un souvenir précieux, qui ne s'effacera jamais
Et qui me rappelle que Thiolaye est mon foyer éternel

Loin de Thiolaye

Loin de Thiolaye, mon royaume d'enfance
Je sens mon cœur chavirer dans la distance
Je revois les collines et les champs verdoyants
Où je passais des heures à jouer gaiement
Loin de ma maison, le temps semble s'écouler différemment
Le monde est plus vaste et pourtant moins vivant
Je suis un étranger dans cette ville inconnue
Et mon cœur ne cesse de battre pour cette terre perdue
Je revois les rues étroites et les maisons en terre perdue
Les sourires des amis et la chaleur des bras tendus
Je revois les chants et les danses sous les arbres
Et je me souviens des rires qui résonnaient dans la chambre
Loin de Thiolaye, je me sens seul et isolé
Je cherche désespérément un peu de cette joie passée
Je suis un étranger dans cette ville qui ne me parle pas
Et je me sens comme un voyageur perdu sur un autre pas
Pourtant je sais que Thiolaye est toujours en moi
Que sa lumière brille encore dans mes yeux
Que ses souvenirs restent gravés dans ma mémoire
Et que son amour me guide toujours dans mes choix
Alors je laisse mon cœur s'envoler vers Thiolaye
Je laisse mes souvenirs me guider vers cette terre aimée
Et je sais que même si je suis loin
Mon royaume d'enfance ne sera jamais loin de moi

Enfant du Sine

Je suis né enfant du Sine
Dans les plaines fertiles du pays sérère
Où l'on honore la nature et ses mystères
Où l'on respecte les ancêtres et leur sagesse
Je suis issu d'une lignée royale
Héritier d'une histoire millénaire
Des traditions que mes aïeux ont forgées
Que je suis fier de perpétuer
Fils de cette terre bénie
Où l'on se nourrit du lait et du mil
Où l'on honore les ancêtres et leur fils
Je me souviens des junjung
Qui résonnaient dans la nuit du Xooy
Des mélodies qui nous emportent loin
Et des Étoiles qui brillent dans le ciel
Je me souviens des griots qui racontaient
Des contes et des légendes anciennes
Des leçons de vie qui se transmettent
De génération en génération

Casamance

Le soleil brille sur Casamance
Réchauffant la terre fertile de ce terroir
Caressant les cimes des arbres majestueux
Illumine les flots sereins des rivières
Les manguiers et les palmiers s'épanouissent
Les champs de riz ondulent sous la brise légère
Les oiseaux s'égosillent en une symphonie joyeuse
Les enfants dansent sur le sable doré
Le soleil brille sur Casamance
Et tout est calme tout est beau
Le temps semble s'arrêter
Pour laisser la place à la sérénité
Mais au-delà de cette quiétude apparente
Se cache une âme blessée, un peuple meurtri
Victime de la discorde et de la violence
Dont les cicatrices se font sentir encore aujourd'hui
Le soleil brille sur Casamance
Et il est temps de faire renaître l'espoir
De laisser les rancœurs derrière
Pour avancer vers un avenir radieux

Un matin à Joal

Un matin à Joal, la mer est calme
Le soleil se lève, éclatant de ses charmes
Les pêcheurs partent, en barque ou à pied
Pour chercher le poisson, leur pain quotidien
Les enfants jouent sur la plage, les rires fusent
Le sable fin de Ngazobile chatouille leurs pieds nus, heureux
Les femmes discutent, entre deux corvées
De l'eau puisée à Mama Nguedj, de la lessive à laver
Les maisons colorées, alignées sur la côte
Attendent, paisiblement, le retour des marées
Les arbres, tout autour, offrent leur ombre bienvenue
Aux passants fatigués, aux amoureux en quête d'aventure
Un matin à Joal, la vie s'écoule lentement à travers le Tanôo Maak
Dans un rythme tranquille, des vagues, au gré des saisons
Les traditions de Jong sont ancrées, les valeurs sérères sont partagées
Elle a une communauté unie, qui sait se soutenir
Alors que le soleil monte, lentement mais sûrement
La chaleur s'installe confortablement
Les sourires se font plus larges, les regards plus lumineux
Et l'on sent que la journée sera riche en bonheur

Gelwaar

Gelwaar, dignes soldats seereer
Vous qui portez haut les couleurs de la terre
Votre bravoure est notre fierté
Et votre courage notre éternité
Vous êtes les gardiens de notre histoire
Les protecteurs de nos terres et de nos gloires
De vos mains, vous bâtissez nos demeures
Et de vos cœurs, vous gardez nos valeurs
Avec vos tambours et vos chants
Vous célébrez nos ancêtres tout le temps
Et dans vos danses, vous honorez nos traditions
Nous rappelant sans cesse nos racines en fusion
Ô Gelwaar, soldats vaillants et valeureux
Vous êtes notre force et notre souffle joyeux
Avec votre détermination et votre ardeur
Vous êtes la voix de notre peuple en fleur
Que votre bravoure et votre courage jamais ne fléchissent
Et que votre fierté et votre dignité jamais ne s'évanouissent
Car vous êtes les dignes soldats sérères
Qui portent les couleurs de la terre

Un soir à Clermont

Un soir à Clermont, la ville s'endort
Les rues s'apaisent, les lumières s'effacent
Le ciel se teinte d'une douceur de mort
Et le silence se fait en toute grâce
Les pas résonnent sur les pavés vides
Les volets clos cachent les âmes endormies
Seul le vent caresse les arbres, timide
Et le temps semble s'arrêter pour la nuit
La cathédrale veille sur la cité
De sa silhouette majestueuse
Et le dôme surplombe la beauté
Des rues qui mènent à la vieille ville heureuse
Un soir à Clermont, la lune se lève
Et peint de ses rayons, les vieilles pierres
La ville s'illumine, comme par une trêve
Et le soir se révèle plus clair, plus fier
Dans la quiétude de cette soirée
Je m'émerveille devant tant de beauté
Et je me laisse bercer par l'harmonie
De Clermont, ville douce et envoûtante à la fois

L’hexagone tricolore

Teinté de bleu, blanc et rouge
Ce drapeau ondule sous le ciel
Il raconte une histoire ancienne
Où l’idéal et la réalité sont bien différents
Sous le vernis de la grandeur
Gisent les plaies encore ouvertes
Des blessures causées par la tyrannie
Et le sang versé en son nom
Mais la France est aussi un berceau
De la culture, de l’art et de la science
Où les idées ont germé et ont fleuri
Et où la liberté a été chérie
Ainsi, l’étoffe de vieux jours
Est un miroir de la complexité
De lumières et des ténèbres de l’existence
Et de la beauté et de la noirceur de la France

L'Afrique en vers

Sous le ciel d'azur où le soleil danse
Se dessine l'épopée, l'Afrique en vers s'avance
Terre ancienne aux histoires gravées
Chantons son hymne, poèmes enlacés
Des savanes dorées aux jungles profondes
L'Afrique se dévoile, aux mille frondes
En vers, je tresse les rivières de ses récits
Où les montagnes murmurent des chants infinis
Les Baobabs, gardiens de mémoire millénaire
Écoutent les poèmes qui flottent dans l'air
Sous le doux murmure des vents chaleureux
L'Afrique en vers révèle ses feux
Les déserts, vastes pages de sable écrit
Où l'histoire du vent est un livre infini
En vers, je décris les dunes qui ondulent
Les échos des caravanes qui seules circulent
Des couleurs chatoyantes des bazars animés
Aux rues poussiéreuses des villages oubliés
L'Afrique en vers, poésie des contrastes
Chante l'âme du continent, mystère et éclats
Les tambours résonnent au cœur des nuits
Dans la danse des étoiles, sous l'ombre des baobabs
En vers, je célèbre la ferveur des cœurs battants
Les rythmes de l'Afrique, pulsations envoûtantes
Que ces vers s'envolent comme des plumes légères
Sur les ailes des vents, au-delà des frontières
L'Afrique en vers, une symphonie en métissage
Poésie vibrante, éternelle émanation de sagesse

Voix d'Afrique

Voix d'Afrique, vibrante et fière
Résonne en moi comme un chant d'espoir
Tu racontes des histoires anciennes
Des peuples forts et des terres lointaines
Tu es souffle de la liberté
Qui a traversé les chaînes et les entraves
Tu es la flamme de la résistance
Qui a brûlé dans les cœurs de nos ancêtres
Voix d'Afrique, tu es la voix de la sagesse
Qui a survécu aux siècles et aux guerres
Tu es la force de la communauté
Qui a uni les nations dans la diversité
Tu es le rythme des tambours qui résonnent
Les pas de danse qui font vibrer les corps
Tu es la mélodie de la langue parlée
Les mots qui chantent l'amour et la paix
Voix d'Afrique tu es la voix de l'espoir
Tu es la lumière dans la nuit sombre
Tu es l'âme de notre continent
Qui inspire le monde avec ton chant

Nuit d’Afrique

Nuit d’Afrique, la passion brûlante
Les étoiles brillent dans le ciel
Les battements de mon cœur résonnent
Dans l’air chaud et parfumé de l’Afrique
Les tambours battent en rythme avec mon âme
La musique envahit mon corps et mon esprit
Je suis emporté dans un tourbillon d’émotions
Sous les étoiles scintillantes de la nuit d’Afrique
Je me sens vivant, libre et épanoui
Dans ce monde rempli de couleurs et de sons
Où les gens dansent sans retenue
Et où la passion brûle avec une intensité sans pareil
La nuit d’Afrique est magique
Elle fait battre mon cœur plus fort
Et je sais que je n’oublierai jamais
Cette nuit où j’ai ressenti la passion brûlante

Renaissance africaine

Sur les plaines arides de l'Afrique
Où le soleil brûle les peaux noires
Les hommes se dressent avec fierté
Prêts à conquérir leur destinée
Le vent souffle, apportant l'espoir
Que demain sera meilleur qu'aujourd'hui
Que la renaissance africaine est en marche
Et que rien ne pourra l'arrêter
Les femmes dansent au rythme des tambours
Les enfants sourient et jouent sans peur
Car ils savent que leurs aînés se battent
Pour un avenir plus juste et plus pur
Les couleurs éclatantes de l'Afrique
Se mêlent aux rires et aux chants
Créant un tableau de beauté sauvage
Symbole d'une renaissance éclatante
La route sera longue et difficile
Mais les fils et les filles de l'Afrique
Sont prêts à tout donner pour leur terre
Et à faire de leur continent un joyeux de lumière
Alors, que l'esprit de la renaissance africaine
Souffle à travers la vallée et les montagnes
Que chaque cœur batte au rythme du tam-tam
Et que l'Afrique resplendisse enfin de tout son flambeau

Morts pour l'Afrique

Des héros anonymes, des noms gravés
Dans l'histoire d'un peuple en marche
Ils se sont battus pour une cause
Celle d'une Afrique libre et forte
Des larmes, des souffrances, des sacrifices
Ils ont donné leur vie pour la liberté
Leur sang a semé la graine de l'espoir
Pour une terre promise, Farafina
Ils ont défié les ténèbres de l'oppression
Et ont brisé les chaînes de la tyrannie
Ils ont lutté pour la justice et la dignité
Et on fait résonner leurs voix dans l'infini
Leur nom sera à jamais honoré
Leur mémoire sera éternelle
Car ils ont donné leur vie pour l'Afrique
Et ont écrit une page de gloire dans l'histoire
Mort pour Farafina, ils reposent en paix
Leur esprit brille dans le ciel
Leur sacrifice ne sera jamais oublié

Enfants d'Afrique

Enfants d'Afrique doux rêveurs
Vous portez en vous tant de couleurs
Des souvenirs que rien n'efface
Vous grandissez sous un soleil ardent
Dans des terres fertiles, des savanes géantes
Vous apprenez la vie à chaque instant
Et vous la vivez avec passion ardente
Votre sourire illumine le monde entier
Comme une lumière dans la nuit noire
Il réchauffe les cœurs les plus glacés
Et nous rappelle que l'espoir est toujours là
Vous êtes les gardiens de la nature
Des êtres qui peuplent les forêts
Des rivières qui serpentent dans les plaines
Des océans qui bercent les côtes lointaines

Tirs-Ailleurs

Tirailleur, un titre si singulier
Qui rappelle des hommes si courageux
Des combattants, des guerriers si vaillants
Les tirailleurs fiers descendants d'Afrique
Ils ont quitté leur terre natale
Pour servir une patrie étrangère
Sans jamais renier leur culture
Ils ont porté haut les couleurs de la France
En première ligne sur les champs de bataille
Ils ont donné leur vie sans hésitation
Pour une liberté qu'ils n'ont jamais connue
Mais qu'ils ont défendu avec détermination
Leur bravoure est inscrite dans les annales
Et leur nom restera à jamais gravé
Dans le cœur de ceux qui se souviennent d'eux
Tirailleur, un titre si éloquent
Qui évoque des hommes si nobles et si dignes
Les tirailleurs, des soldats sans égal
Des héros méconnus dans la Grande Guerre
Car ils ont donné naissance à un avenir radieux

Ils l'ont tué

Ils l'ont tué, et le silence est lourd
Le vent s'est arrêté, les arbres sont sourds
Les rivières ne chantent plus leur chanson
Et les étoiles ont perdu leur passion
Ils l'ont tué, et la nuit est tombée
Les étoiles sont pâles, la lune est cachée
Les oiseaux ne volent plus dans le ciel
Et le monde entier semble sombrer dans le fiel
Ils l'ont tué, et le jour est mort
Le soleil est froid, le ciel est noir comme un fort
Les nuages sont lourds, les fleurs se fanent
Et les cœurs des hommes sont lourds et se fanent
Ils l'ont tué, et la terre a tremblé
Les montagnes ont hurlé, les océans se sont déchaînés
Les étoiles ont pleuré leur tristesse
Et le monde entier a ressenti sa détresse
Ils l'ont tué, mais son esprit est toujours là
Dans le souffle du vent, le murmure de la mer
Dans le sourire de l'enfant, le battement du cœur
Et son message d'espoir ne cessera jamais de briller.

À Thomas

Thomas, héros d'Afrique, combattant de légalité
Toi qui as bravé les vents contraires de l'histoire
Toi qui as osé dire non à l'injustice, à la tyrannie
Tu es et tu resteras un symbole de la dignité
Ta voix résonne encore comme un cri de révolte
Comme une flamme qui éclaire notre chemin
Tu as montré que l'on peut changer le monde, si l'on y croit
Si l'on se bat avec courage, avec passion, avec détermination
Tu as rêvé d'une Afrique libre et prospère
D'une Afrique où la solidarité est la clef du progrès
Tu as montré que l'unité est plus forte que la division
Que la justice est plus puissante que l'oppression
Thomas, tu es à jamais gravé dans nos cœurs
Tu es le symbole de la résistance, de la liberté
Ton héritage est un appel à la fraternité
Nous te rendons hommage, toi qui as brisé les chaînes de la faute

Colonisateur

Ton nom résonne encore
Comme un écho douloureux du passé
Tu as semé la mort et la destruction
Et fait de notre pays un champ de ruines
Ton arrivée a été comme un ouragan
Qui a balayé tout sur son passage
Et laissé derrière lui des vies brisées
Et des cœurs déchirés par la douleur
Tu as planté des graines de haine et de division
Et semé la discorde entre les peuples
Pour mieux régner sur les cendres de nos vies
Et nous primer de notre propre destin
Mais malgré tes tentatives de nous briser
Nous avons survécu, comme l'herbe folle
Qui pousse dans les failles du béton
Et qui ne se laisse pas écraser
Aujourd'hui ton nom est comme un lointain souvenir
Qui évoque une époque sombre et révolue
Mais nous n'oublierons jamais les blessures infligées
Et nous continuerons de lutter pour notre liberté
Car comme l'herbe folle, qui pousse sur les ruines
Nous sommes résilients et tenaces
Et nous nous relèverons toujours
Malgré les tempêtes et les tourments

Larmes de Thiaroye

Les larmes de Thiaroye
S'écoulent sur le sol desséché
Pour honorer les martyrs tombés
Dans la tragédie de ce jour funeste
Les héros oubliés de ce jour triste
Ont donné leur vie pour leur pays
Mais furent trahis par leur propre main
Et tués sans pitié, sans raison
Les larmes de Thiaroye
Sont les larmes de l'injustice
Les larmes de la douleur et de la colère
Pour ces hommes qui ont payé le plus lourd tribut
Les larmes de Thiaroye
Sont les larmes de la mémoire
Pour que leurs sacrifices ne soient pas oubliés
Et que leur nom soit gravé à jamais dans l'histoire
Les larmes de Thiaroye
Sont notre appel à la reconnaissance
Pour honorer les héros méconnus
Et leur garantir la dignité qu'ils méritent

Pardonner pour ne pas oublier

Pardonner pour ne pas oublier
L'histoire douloureuse de nos ancêtres
Ravagés par les chaînes, soumis à la misère
Leur liberté volée, leur dignité bafouée
Leurs cris résonnent encore dans nos mémoires
Les blessures de l'esclavage et de la colonisation
Demeurent toujours ouvertes, sans réconciliation
Pourtant, il est temps de tourner la page
De libérer notre esprit des peurs et des rages
De se pardonner, de se comprendre, de s'aimer
Pour construire un avenir meilleur, plus fort et plus clair
Nous devons honorer les sacrifices de nos aïeux
En travaillant ensemble pour éliminer les inégalités
En reconnaissant les torts causés par le passé
Et en construisant un monde juste et équitable
Alors, pardonnons pour ne pas oublier
Pour avancer vers un avenir plus lumineux
Où la paix, l'amour et la justice régneront en maître
Et où tous les êtres seront libres de vivre sans peur

Trop souffert

Trop souffert pour se taire, trop de peine pour oublier
Le cœur lourd, le regard triste, l'âme blessée
L'homme noir a connu bien des tourments
Des temps de guerre, des temps de néant
Trop de larmes versées, trop de vies brisées
Des cris étouffés, des silences imposés
Trop de peur, de violence, de désespoir
Dans ce monde où règnent la haine et le pouvoir
Mais malgré tout cela, il se relève
Il puise en lui la force de croire, de rêver
Il réinvente son histoire, trace un nouveau chemin
Et refuse de se laisser abattre par les mains du Destin
Trop souffert pour se taire, trop d'injustice pour se taire
L'homme noir s'élève, porte la flamme de l'espoir
Il brandit l'étendard de la liberté, de la dignité
Et se bat pour un monde où régnerait la fraternité
Dans son regard brille la lumière de la résilience
Dans son cœur, coule la rivière de la bienveillance
L'homme a su transformer sa douleur en force
Et ainsi, il nous offre un témoignage de courage et de ressource

Le chant des naufragés

Dans les lourds secrets des vagues nocturnes
Là où l'océan cache des douleurs taciturnes
Se perd le chant des jeunes égarés
Sur des bateaux fuyant leurs destinées
Ils ont quitté leurs terres, leurs chants, leurs danses
Pour des horizons loin des ombres immenses
Mais le destin, cruel, a tracé son cours
Leur offrant comme unique guide : le recours
Le chant des naufragés, plainte des oubliés
Résonne au-delà, dans les cœurs blessés
Des rêves brisés, des espoirs engloutis
Dans ces flots tourmentés, empreints d'infini
Jeunes âmes ballottées par des vagues sauvages
Leurs prières se mêlent au fracas des naufrages
Regardant l'horizon, ultime promesse en suspens
Dans un océan vorace, témoin de leurs tourments
Chaque étreinte de l'eau, chaque souffle de vent
Porte le cri muet de ce triste contingent

Les échos du monde

Les échos du monde résonnent à travers les montagnes
Portant des nouvelles de pays lointains, de cultures et des rivages
Des voix se lèvent, parlant de l'amour et de la peine
De la guerre et de la paix, de la joie et de la douleur
Les échos du monde s'étendent sur les mers agitées
Apportant des récits de lutte pour la liberté
Des gens unis par la foi, de ceux qui luttent pour survivre
De la beauté, de la vie et de la grâce de la nature
Les échos du monde se répandent les cieux
Relevant des secrets cachés, des espoirs et des rêves
De ceux qui cherchent à explorer, à comprendre et à découvrir
De la créativité humaine et de la curiosité sans fin
Les échos du monde résonnent en nous
Nous inspirant à faire de chaque jour une ode à la vie
À aimer plus fort, à rêver plus grand, à vivre plus pleinement
Et à nous laisser notre propre écho résonner à travers le temps

Monde mélancolique

Dans ce monde mélancolique où tout semble si sombre
Où la tristesse est une amie fidèle qui nous accompagne
Où le temps s'écoule comme une larme sur une joue
Nous marchons, sans savoir où nous allons, ni pourquoi
Les rues sont vides, les visages sont fermés
Le silence est pesant, la solitude est notre seul allié
Nous cherchons désespérément un rayon de lumière
Un sourire, un geste, une main tendue, une raison d'espérer
Mais tout semble si futile, si éphémère, si vain
Les jours se suivent et se ressemblent, sans fin
Les nuits sont peuplées de rêves brisés, de souvenirs amers
Le monde est mélancolique, comme un adieu sans retour
Pourtant, quelque part, au fond de notre âme
Une étincelle de vie brûle encore comme une flamme
Elle nous rappelle que la beauté est toujours là quelque part
Qu'il suffit de la chercher, de l'attendre, de l'espérer
Alors, levons les yeux, regardons autour de nous
Écoutons le chant du vent, le murmure de la nature
Saisissons les instants de bonheur, de grâce
Et prenons la main de ceux qui marchent à nos côtés

Cris de détresse

La société nous étreint de ses maux
Nous étouffe sous le poids de ces fardeaux
Elle nous pousse à courir sans nous arrêter
Sans se soucier de ceux qui sont laissés de côté
Les inégalités s'accentuent, la pauvreté grandit
Les plus faibles sont sacrifiés sur l'autel du profit
L'individualisme triomphe, la solidarité s'effrite
La société nous sépare, nous divise, nous limite
Le racisme, la discrimination, la haine se propagent
Les préjugés se renforcent, les différences dérangent
La tolérance recule, la diversité s'évanouit
La société nous éloigne, nous exclut, nous appauvrit
Le monde se déchire la nature est en danger
La planète souffre, les ressources s'épuisent, les glaciers fondent
La pollution empoisonne, le climat se dérègle
La société nous mène vers un futur incertain, fragile

Silence

Le silence est assourdissant, le silence est pesant
Il plane sur le monde, comme une ombre géante
Ils se taisaient, devant les dérives
Les injustices, les souffrances, les crimes et les massacres
Le silence est complice, le silence est coupable
Il cautionne les exactions, les viols, les tortures et les persécutions
Les grandes puissances ferment les yeux, détournant le regard
Elles abandonnent les plus faibles, les plus vulnérables, les plus démunis
Le silence est inacceptable, le silence est insupportable
Il résonne comme un écho funeste, dans le cœur des opprimés
Mais elles se désintéressent de ceux qui souffrent
De ceux qui meurent, de ceux qui pleurent
Le silence est lâche, le silence est indigne
Il trahit les valeurs de la liberté, de la justice, de l'égalité
Elles ont le devoir, la responsabilité, l'obligation
De protéger les droits de l'homme, de défendre la dignité humaine, la paix et la solidarité
Le silence doit être brisé, le silence doit être combattu
Il ne peut pas y avoir de paix, de liberté, de progrès
Sans la voix des justes, des épris de vérité, des défenseurs des droits
Le silence doit être remplacé, par le bruit des pas des marcheurs de la justice

Politique

Ne me parlez plus de politique
Je suis fatigué de ces éthiques
Qui divisent et qui font mal
Qui créent des guerres fatales
Je veux des rêves et des sourires
Des poèmes et des souvenirs
Des étoiles dans les yeux des enfants
Et du bonheur à chaque instant
Ne me parlez plus de pouvoir
Je préfère le chant du soir
Le bruit des vagues sur le sable
Et le parfum des fleurs comestibles
Je veux des jours sans frontières
Où l'amour sera notre bannière
Et où chacun pourra vivre en paix
Sans crainte ni jugement, à jamais
Alors, ne me parlez plus de politique
Laissez-moi rêver à ma musique
À mes poèmes et à mes pensées
Et vivre en harmonie avec le monde entier

Je veux vous dire

Je veux vous dire, ô racistes en colère
Votre haine ne fait que blesser et détruire
Elle ne fait que semer la peur et la douleur
Et ne mène qu'à plus de haine et malheur
Vous criez votre mépris à tout vent
Mais ignorez la dignité et la valeur
De tous les êtres humains, sans exception
Votre ignorance est une malédiction
Je veux vous dire que la couleur de la peau
N'a aucune importance, ni supériorité
Nous sommes tous des enfants de l'humanité
Et nous méritons tous respect et égalité
Je veux vous dire que la différence est riche
Qu'elle apporte de la couleur à notre vie
Elle nous permet de grandir et de nous épanouir
Et de découvrir la beauté de la diversité
Alors, je veux vous dire, ô racistes en colère
Que la haine ne fera qu'empirer les choses
Que l'amour et le respect sont les véritables clés
Pour construire une société juste harmonieuse

L’aube des possibles

Dans le silence paisible de l’aube naissante
Là où la nuit se retire, où l’étoile chante
S’éveille l’aube des possibles, douce lumière
Un ballet d’espoir dans le ciel qui se libère
Les premiers rayons, tendres doigts d’or
Effleurent la terre, éveillent l’essor
L’aube des possibles, un tableau en devenir
Où chaque instant offre une chance de s’ouvrir
Les oiseaux, messagers de la clarté naissante
Chantent l’espoir dans une symphonie émouvante
Le monde, encore endormi, se prépare à rêver
À écrire sur les pages de l’aube des possibles, à s’ancrer
Dans les cieux rosés, une palette de teintes
L’aube des possibles, où l’ombre s’éteint
Un horizon sans limites, une toile vierge
Prête à accueillir chaque espoir qui émerge
Les montagnes lointaines, encore voilées de nuit
Se dévoilent timidement sous la lueur qui fuit
L’aube des possibles, une promesse de renouveau
Un moment suspendu où chaque rêve est beau
Les rivières murmurent, les fleurs s’épanouissent
L’aube des possibles, où chaque âme fleurit

Un souffle d'optimisme caresse la terre
Invitant chacun à croire en ses propres mystères
Que cette aube éclaire les chemins incertains
Que chaque aurore soit le début d'un destin
L'aube des possibles, un enchantement du temps
Où chaque instant porte en lui l'espoir grandissant

Temps enfuis

Les années défilent, emportant les rêves et les espoirs
Les chemins pris semblent sans retour
Et l'on contemple les regrets du passé
Les opportunités manquées, les chances ratées
Les erreurs commises, les déceptions passées
Hantent l'esprit comme une plaie ouverte
Et l'on se sent prisonnier d'un passé indélébile
Mais il est important de se rappeler que le temps ne peut être contrôlé
Et que les regrets font partie intégrante du parcours de la vie
Ils sont témoins silencieux du cheminement
Et de la croissance en tant qu'être humain

Le sens du passé

Dans l'écho du temps qui s'égrène
Résonne une pensée incertaine
Et si hier était comme aujourd'hui
Serions-nous toujours dans l'oubli ?
Les jours s'enlacent, se confondent
Dans la trame de nos vies profondes
Les souvenirs s'évanouissent
Les moments précieux se fissurent
Et si hier était comme aujourd'hui
Serions-nous encore éblouis ?
Par les premières lueurs du jour
Par les sourires qui font toujours
Le passé serait-il figé
Dans une perpétuelle continuité ?
Ou bien, serions-nous destinés
À revivre sans cesse la même réalité ?
Les joies et les peines se répètent
Les épreuves, les instants de fête
Et si hier était comme aujourd'hui
Trouverions-nous un sens à cette vie ?
Dans cette répétition sans fin
Se cache-t-il un nouveau matin ?

Une chance de changer le cours
D'explorer des chemins plus courts
Mais peut-être que le temps se joue de nous
Que chaque instant est unique et flou
Et si hier était comme aujourd'hui
Peut-être devrions-nous enfin saisir
La magie des jours qui se succèdent
La beauté des rencontres qui nous cèdent
Car dans chaque aube qui se lève
Une part de nous se révèle et s'achève
Alors, embrassons le présent
Avec tous ses tours et ses détours déroutants
Car hier n'est qu'un souvenir évanoui
Et aujourd'hui est là, devant nous, infini

Le Soleil était couché

Le Soleil était couché sur l'horizon
Et la nuit enveloppait la terre
Les étoiles brillaient dans le ciel sombre
Et le vent soufflait doucement
Je suis sorti et j'ai respiré
L'air frais de la nuit qui me remplissait
Les pensées défilaient dans ma tête
Et je me sentais seul, mais en paix
Le Soleil était couché, mais mon cœur était rempli
De toutes les beautés de la vie
Des moments passés, des souvenirs heureux
Et des rêves pour l'avenir
Je fermais les yeux et j'imaginais
Un monde où tout était possible
Où l'amour et la paix régnaient
Et où le soleil brillait toujours
Le Soleil était couché, mais mon esprit était enflammé
Par l'espoir et la détermination
Je savais que je devais me battre
Pour faire de ce monde un monde meilleur

Réveil

Le jour se lève lentement comme un doux réveil
Les rayons du soleil percent à travers les volets clos
Et la lumière vient éclairer la pièce, doucement
Pour réveiller les esprits encore engourdis et moroses
Les oiseaux commencent leur chant joyeux
Et la ville se réveille peu à peu
Les bruits de la ville reprennent vie
Les pas sur le trottoir, les voitures qui roulent sans bruit
Les couleurs de l'arbre se mêlent à celles du jour
Et le monde s'éveille dans un frisson d'amour
Les arbres dansent avec le vent qui souffle doucement
Et les fleurs s'ouvrent, épanouies, offrant leur parfum enivrant
Le réveil est un moment magique
Ou tout est possible et rien n'est tragique
C'est le moment de prendre un nouveau départ
Et de laisser derrière soi tous ses remparts
Le jour se lève, et avec lui promesse
D'un monde nouveau et d'une vie meilleure
Car chaque matin est une chance, un instant éclatant

Nuit d'été

Nuit d'été, douce et sereine
La lune veille sur la plaine
Les étoiles scintillent de mille feux
Et les grillons chantent sous les cieux
Dans l'obscurité tout semble magique
Les arbres se dressent sans silhouette
La brise caresse doucement les feuilles
Et les parfums embaument les merveilles
La chaleur estivale s'estompe peu à peu
La nuit devient fraîche, un peu frileuse
Mais les étoiles brillent toujours
Comme pour nous rappeler l'amour
Nuit d'été, tu es si belle
Dans tes mystères, tes éternelles
Tu nous offres la paix, la tranquillité
Dans ton silence, la sérénité
Je t'admire nuit d'été
Et je me laisse emporter
Dans ton univers enchanteur
Où règnent le calme et la douceur

Levée du soleil

Les premières lueurs dans le ciel s'étendent
La nuit s'évanouit, et le jour se répand
Le monde s'éveille à nouveau en silence
L'horizon est embrassé de couleurs ardentes
De teintes vives, éclatantes et éblouissantes
Les oiseaux chantent leur joie et leur allégresse
La nature reprend vie, comme une vaille naissance
La brume se dissipe lentement
Les arbres se dressent majestueusement
Le vent caresse doucement le sol
Et les fleurs émergent, dans leur plus bel éclat
Le jour se lève, une nouvelle page commence
Les soucis de la nuit s'effacent en un instant
La vie reprend son cours et les cœurs s'allègent
Au rythme de la levée du soleil qui nous protège

Nouvelle lune

La lune s'éclipse, le ciel s'assombrit
La nuit se pare d'un voile mystique
La terre est plongée dans l'obscurité
Et tout semble enfin reprendre son souffle
Nouvelle lune, symbole de renouveau
Ton absence est comme un instant de repos
Une pause dans le temps, un moment suspendu
Où le silence et la paix règnent enfin
Dans cette nuit obscure, tout devient possible
Les rêves se font plus clairs, plus tangibles
L'imagination s'éveille, la créativité s'envole
Et l'avenir se dessine dans un ciel étoilé
Alors que tu disparaîtras bientôt
Et que le jour se lèvera nouveau
Je garderai en moi ta lueur douce et pure
Et je saurai que chaque nuit est une aventure

Un matin d’hiver

Un matin d’hiver, tout est calme
Le silence enveloppe le paysage de charme
Les arbres se parent de leur manteau de neige
Et le ciel est couvert d’un voile blanc qui l’aveugle
Les flacons tombent lentement du ciel
Comme des confettis sur un tableau irréel
Les rues désertes sont peintes de blanc
Et la nature s’endort paisiblement
Les oiseaux se taisent, cachés dans leur nid
Et les animaux se blottissent pour se protéger du froid
Les rivières sont gelées, laissant les paysages
D’une beauté qui laisse les esprits en otage
Le vent souffle doucement, faisant danser les branches
Et les lumières diffusent une douce ambiance
Les cheminées fument, laissant s’échapper leur chaleur
Et la vie s’écoule paisiblement, sans frayeur
Un matin d’hiver est un moment de quiétude
Qui invite à la contemplation et à la gratitude
Car dans ce calme, on peut enfin entendre
Le murmure des pensées, qui nous aident à comprendre
Alors, laissez-vous porter par cette douceur
Et profitez de l’instant présent avec bonheur
Car dans ce matin d’hiver, tout est réuni
Pour apprécier la vie, trouver la paix en soi.

Nuit sombre

Nuit sombre, ô nuit mystérieuse
Tu viens envelopper le monde de ton voile
Le silence se fait, tout se repose
Et ton manteau noir devient notre étoile
Sous ton ciel étoilé, tout est différent
La lueur de la lune se reflète sur la mer
Le vent souffle doucement
Et les étoiles brillent comme autant de repères
La nuit sombre est les moments où tout peut arriver
Ou les rêves les plus fous prennent vie
Ou les secrets sont révélés
Et les amoureux peuvent se confier
Nuit sombre, tu es notre refuge
Notre moment de paix et de quiétude
Tu nous apaises, tu nous protèges
Et tu nous rappelles notre solitude
Mais au petit matin, tu t'en vas
Et la lumière du jour nous éblouit
Nous attendons ta prochaine venue, car
Nuit sombre, tu es notre amie de la nuit

Rêve éternel

Dans les profondeurs de l'obscurité
Où les étoiles brillent de mille feux
Un songe éternel s'épanouit
Rassemblant les âmes du monde entier
Il rayonne d'une lueur apaisante
Comme un bijou scintillant sur la mer
Et apaise les cœurs tourmentés
Effaçant les souffrances et les peurs
Le rêve est celui de l'amour fraternel
De la justice et de la liberté
Où tous les êtres sont égaux
Où la joie est reine sans égale
Il nous dévoile un avenir radieux
Où les frontières n'ont plus de raison d'être
Où les cultures se croisent et s'enrichissent
Où la tolérance est la clé de la paix
Alors, laissons-nous guider par ce rêve
Et travaillons main dans la main pour le réaliser
Car c'est notre espoir pour le lendemain
Notre rêve éternel qui unira le monde

Pensées

Pensées, douces pensées qui traversent mon esprit
Comme un fleuve tranquille qui coule sans bruit
Vous êtes le reflet de mes rêves et de mes désirs
Et vous m'emmenez dans un monde où tout est possible
Parfois vous êtes sombres, emplies de mélancolie
Et vous me plongez dans des abîmes d'insomnie
Mais d'autres fois vous êtes légères comme l'air
Et vous m'emportez dans des danses de lumière
Vous êtes les gardiennes de mes souvenirs
De mes joies et de mes peines, de mes espoirs et de mes peurs
Et vous m'aidez à comprendre qui je suis vraiment
Et à explorer les profondeurs de mon âme
Vous êtes mes alliées quand je suis en proie au doute
Et vous me guidez vers la vérité et la sagesse
Vous m'apportez la paix et la sérénité
Et vous m'ouvrez la voie vers la créativité
Pensées, douces pensées, je vous accueille avec joie
Je vous laisse voguer librement sur le flot de ma vie
Et je sais que grâce à vous, je pourrai traverser tous les défis
Et atteindre les sommets les plus hauts de mon être

Regards

Regarder, c'est voir au-delà des mots
Capturer l'âme cachée derrière la façade
Comprendre les secrets que le silence garde
Et révéler les émotions qui se cachent dans les flots
Les regards sont des fenêtres ouvertes sur l'âme
Un miroir où se reflète notre véritable être
Un échange muet où nos cœurs peuvent paraître
Et où l'amour peut prendre feu et se flamme
Ils peuvent être doux comme un coup de poignard
Mais dans tous les cas, ils sont sincères
Et laissant des traces indélébiles dans nos têtes
Que ce soit un regard furtif ou soutenu
Il peut transmettre des messages subtils
Et révéler les secrets les plus intimes
Pour ceux qui savent lire entre les lignes

Incompréhension

Incompréhension, voile opaque
Qui cache les vérités les plus intimes
Nous laissant seuls, sans réponses
Errant dans les méandres de l'existence
Nous cherchons des réponses des explications
Mais les mots se perdent dans le vent
Et les gestes sont incompris
Laissant le silence prendre le dessus
L'incompréhension nous isole
Nous faisant sentir seuls et incomplets
Nous plongeant dans l'obscurité
Et nous perdant dans les méandres de la vie
Pourquoi tant de haine et de division
Quand nous pourrions être unis
Pourquoi tant de barrières et de préjugés
Quand nous pourrions simplement nous aimer
Pourtant, malgré tout, l'espoir reste
Et la lumière peut briller à travers l'obscurité
En nous rappelant que nous sommes. Tous humains
Et que l'amour et la compréhension sont possibles

Amitié

L'amitié, doux nectar de la vie
On trésor précieux, une alliance sincère
Une main tendue, une épaule solide
Un soutien constant, dans les bons et les mauvais moments
L'amitié est un feu qui brûle sans fin
Un rayon de lumière qui éclaire nos jours
On refuge où nous pouvons nous réfugier
On abri où nous pouvons nous réchauffer
L'amitié n'a pas de frontières ni de barrières
Elle traverse les océans et les montagnes
Elle transcende la race, la culture et la religion
Unissant les cœurs sans distinctions
L'amitié est en don précieux
Qu'il faut cultiver avec soin
Nourrissons-la de compréhension et de respect
Et elle nous accompagne tout au long de notre vie
L'amitié est plus précieuse que l'or
Plus durable que les diamants
C'est une bénédiction pour l'âme
En cadeau d'actuel pour le cœur

Trahison

Trahison, mot lourd de sens
Qui brise les cœurs en silence
Et laisse derrière lui la douleur
Qui consume l'âme sans pitié ni douceur
Ébranlée par un geste, un regard, un discours
Et la certitude s'efface lentement
Laissant place au doute, à l'incertitude, au tourment
Trahison, venin qui coule dans les veines
Et qui détruit les plus belles des relations humaines
Créant des blessures qui ne cicatrisent jamais
Et des cicatrices qui rappellent à jamais
Mais malgré tout, la vie continue son chemin
Et les blessures finissent par guérir, même si c'est difficile demain
Car la trahison n'a pas le dernier mot
Et l'amour, un jour, refera son nid dans le cœur qui a souffert trop

Tristesse

Tristesse, âme en peine
Qui ronge le cœur en silence
Et laisse derrière elle la douleur
Qui consume l'âme sans pitié ni douceur
Elle enveloppe tout en son sein
Comme un voile épais de mélancolie
Empoisonnant chaque pensée
Chaque émotion, chaque journée
Elle nous laisse seuls, sans réponses
Errants dans méandres de l'existence
Nous faisant douter de tout ce que nous savons
Et nous poussant à remettre en question notre raison
Elle prend possession de nous
Et nous laisse dans l'obscurité
Nous laissant chercher désespérément
Une lueur d'espoir pour nous en sortir
Mais même si elle peut sembler interminable
La tristesse est éphémère
Et avec le temps, elle finit par s'estomper
Laisser place à nouveau à la légèreté.

Mystère

Dans l'obscurité de la nuit
Le mystère se cache, tapi
Il murmure des secrets interdits
Et hante les âmes qui le défient
Dans le silence de l'inconnu
Le mystère règne, impromptu
Il échappe aux regards curieux
Et révélé ses mystères aux plus vertueux
Dans l'étrangeté de l'au-delà
Le mystère prend forme, il est là
Il fascine et émerveille
Et nous pousse à en apprendre davantage encore
Le mystère est une énigme
Un voyage dans l'infini
Un appel à la découverte
Et une invitation à la magie
Il est la fusion de l'inattendu
Le souffle du vent dans l'inconnu
Et quand on l'embrasse avec ferveur
On découvre en soi une flamme qui brûle, ardente et sans peur
Alors, plongeons-nous dans le mystère
Laissant derrière nous toute barrière
Et embrassons l'inconnu
En quête, d'amour, de liberté, en tout lieu

Échelle

L'échelle est là, qui s'élève vers le ciel
Un chemin vertical vers l'infini du réel
Un instrument pour les âmes aventureuses
Qui rêvent de s'envoler vers d'autres cieux
De barreau en barreau, on monte avec ardeur
Le cœur battant, l'âme enflammée de bonheur
On oublie le sol et le poids des soucis
On se sent invincible, puissant, et libre aussi
Attention, l'échelle peut être dangereuse
Si on ne la gravit pas avec sagesse et prudence
Si on se perd dans la folie des hauteurs
On risque de chuter, de se faire peur
Alors, grimpons, mais sans oublier nos racines
Nos repères, nos amours, nos liens
Car l'échelle ne nous mène jamais aussi haut
Que notre cœur ne peut guider avec courage et foi

Les larmes de la pluie

Les nuages sombres se rassemblent
Et le tonnerre gronde en arrière-plan
La pluie commence à tomber lentement
Comme si le ciel pleurait en silence
Chaque goutte qui tombe du ciel
Est comme une larme sur la joue d'un amoureux
Qui a perdu sa bien-aimée
Et qui pleure sa douleur seule dans l'obscurité
Les larmes de la pluie tombent sans fin
Comme si le ciel essayait de laver la douleur du monde
Et de purifier nos âmes blessées
Avec chaque goutte de pluie qui tombe
Et quand la pluie s'arrêtera finalement
Le ciel se dégage et brille à nouveau
Et nous rendons compte que même les larmes de la pluie
Peuvent apporter une beauté inattendue et une nouvelle vie

Cœur sale

Cœur sale, cœur maudit
Qui ne connaît ni amour ni bonté
Cœur qui ne bat que pour la méchanceté
Et qui n'a jamais connu la sincérité
Dans ta poitrine sombre et noire
Rien ne pousse à part le vice et le désespoir
Tu ne connais que la haine et le pouvoir
Et tu ne cherches qu'à corrompre pour mieux régner
Ton âme est aussi noire que l'obscurité
Et ta présence fait trembler les cœurs les plus durs
Tu es un poison pour ceux qui osent te fréquenter
Et tu détruis tout ce qui est beau et pur
Mais dans ton cœur malade
Il y a toujours une petite étincelle d'espoir
Qui peut te pousser à sortir de ta torpeur
Et à t'ouvrir aux autres pour mieux te voir

Rire et pleur

Rire et pleur, deux états d'esprit
Deux facettes opposées à la vie
Deux expressions de notre humanité
Que rien ne peut réduire à leur simplicité
Le rire, si doux et si léger
Il envahit nos vies de gaieté
Il illumine les jours les plus ternes
Et chasse les chagrins qui nous enferment
Le pleur, plus sombre et plus douloureux
Il relève nos peurs et nos angoisses
Il est l'expression de notre sensibilité
Et nous invite à nous ouvrir à la vie
Pourtant, malgré leurs différences flagrantes
Le rire et le pleur sont deux compagnons
Ils nous accompagnent tout au long de notre chemin
Et marquant les moments les plus importants
Rire et pleur, c'est être humain
C'est accepter de vivre pleinement
De laisser parler son cœur et ses émotions
Et de vibrer au rythme de la vie en toute passion.

L'unique juge

L'unique juge, le divin créateur
Dieu tout Puissant, le seul vrai sauveur
Celui qui voit tout, sait tout, entend tout
Et dont la sagesse dépasse tout
L'unique juge, qui règne sur le monde
Et dont la bonté et la miséricorde abondant
Celui qui guide nos pas dans les ténèbres
Et nous montre la vie, de la lumière
L'unique juge, qui nous aime sans condition
Et qui nous tend la main pour notre rédemption
Celui qui nous pardonne nos fautes et nos péchés
Et qui nous aide à avancer sur le chemin tracé
L'unique juge, devant qui nous inclinons
Et dont le nom est gravé dans nos chansons
Celui qui est présent dans chaque battement de cœur
Et dont la voix résonne dans chaque prière et chaque fleur
L'unique juge, qui nous guide vers l'harmonie
Et nous montre la voie vers la vie éternelle
Celui qui est source de paix, d'amour et de sérénité
Et qui nous conduit vers la vérité universelle.

Significations de quelques mots

Junjung : c'est un nom de tambour de guerre royal chez les Sérères.

Xooy : cérémonie divinatoire chez les Sérère, organisée à l'approche de la saison des pluies sur la place des villages.

Njoom : lutte traditionnelle chez les Sérères.

Farafina : nom pour désigner l'Afrique

Sine : royaume des Sérères.

Gelwaar : soldat sérère.

Nguel : musique traditionnelle sérère.

Remerciements

– Ma mère, mes frères et sœurs ;
– Professeur Baba Sarr et Professeur Amade Faye ;
– Ma famille à Clermont-Ferrand ;
– Ma famille à Condrieu et à Orléans.

Table des matières

Imprimé en Allemagne
Achevé d'imprimer en mars 2024
Dépôt légal : mars 2024

Pour

Le Lys Bleu Éditions
40, rue du Louvre
75001 Paris